私のたしなみ100

大草直子

幻冬舎

目次

「年齢相応」を怖がらない

40歳なら40歳なりの。45歳なら45歳なりの美しさがある、と強く信じています。「マイナス5歳」のテクニックや、時計の針を過去に戻す。そんなことには全く興味がありません。

たくさん笑ったからこそのシワだって、たくさん泣いたからこその瞳の強さだって。それだけの年数を生きてきた自分だからこそ、の豊かさです。

以前に比べたら、若さ、という魅力は確かに失われますが、代わりに手に入るのは「後天的な美しさ」。誰にも平等で、そして年齢を重ねた人だけが得られるプラチナチケットです。

1か月に1度は白シャツを着る

白のシャツは、着る人を鋭く判断します。白、特に正しくスチームをかけられたコットンの厳しさは、袖を通すことをためらわせます。だからこそ、1か月に1度、この厳しさに自分を寄せてみるのです。コットンの白と、「今の肌」は仲良くできるのか、ときにコントラストが強く映る髪の毛のスタイリングは、どう？　こうしたすべての細かな条件をクリアすること、そのことで、自分に、おしゃれに活を入れるのです。楽なだけのスタイリング、目をつぶってもできるコーディネートは、きっとその通りにしか見えないと思います。

よく笑う

感情をたくさん動かす人に憧れます。よく怒り、よく落ち込み、よく泣く。そして同じ分だけ、よく笑う。目じりをうんと下げ、口を大きく開けて。もちろん、心から、自然に笑えること、目の前の人に褒められるくらい、笑顔をメンテナンスすることも大切です。もっと大事なのは、「笑える」集まりに行くこと。せっかく集まった時間を愛おしみ、誰もが同じように楽しめる会。笑顔の交歓ができる、というのも、「よく笑う」コツです。

メイクがうまい

テクニックのことではありません。隠したいところを隠しすぎるがゆえ目立ってしまうのではなく。自分自身が大好きなパートを、きちんとアピールするメイクができること。年齢を重ねることへの恐れが透けるがゆえ、どんどん厚くなるメイクではなく、毎年薄くなるメイクをマスターしていること。自分の経験を積み重ねない、シンプルで強い顔。メイクがうまい、というのはこういうことです。

定番を5年ごとに壊す

定番はあくまでその時点でのベーシックであって、永遠にそうであるわけではありません。一生似合い続ける定番はないし、一生似合い続ける必要もない。例えばグレーのニット1つとったって。5年前は最高に似合っていた、メリノウールのハイゲージのカーディガンが、この先5年も、同じように最高に似合っていることはないのです。定番を5年ごとに見直すことができたなら、その人のおしゃれは、常にアップデートされている、ということ。いつ見ても、彼女が身に着けるものはそのときの彼女に最高に似合っているのです。

色を表す言葉を
よく知っている

例えば、はちみつ色のヴィンテージレザー、珊瑚《さんご》色のリネンのブラウス。キャラメル色のシルクのスカート。難しい色名でなくていいのです。即座にイメージできる、そんな表現力をもっていたいものです。イエローや赤、ブラウン――と言ってしまえば、人によって想像する細かな「色み」はそれぞれ。もし、誰もが、1つの色を想像するような言葉をもつことができたら、自身のおしゃれが前に進むだけでなく、言葉でのコミュニケーションの幅がぐんと広がります。

カシミヤのニットには
シルクのキャミソールを

デザインや色で「服を着る」のも、もちろん大切ですが、素材と対話をするのは、もっと好きです。さらりと、からりと、しっとり、ふわりと。自分の素肌がどんな「肌心地」を欲しているかに敏感になりたい、といつも思います。例えばカシミヤのニットを着る日。カシミヤの個性である、湿度のある温かさには、ひんやりと、そしてその後滑らかに変わるシルクのキャミソール。そんな組み合わせは、自分だけのひそやかな楽しみ。「人に見せないもの」がおしゃれ——は、大人の特権です。

お悔やみの席のセットを備えている

おしゃれは、ときにファッションではなく、マナーです。親しい人や大切な誰かを喪《うしな》ったときに選ぶ服には、自分らしさや有名なブランドや、スタイリッシュであることは、全く役に立ちません。40歳になったら、揃えましょう。ほかのシーンには決して流用できない、悲しみの席の黒のセットを。数珠《じゅず》、レースのグローブ、無地の白のハンカチ、袱紗《ふくさ》、表面に金具の見えない表革のバッグと靴、黒のストッキング、和珠《わだま》のパールのジュエリーを、1か所に収納しておきます。できたら来ないでほしい「そのとき」を、心静かに悼《いた》むために。

ハンガーは
ブランドを統一している

ドイツ製のマワというブランドのハンガーを愛用しています。ニットやカットソーの肩山が変形しない、そして、収納のスペースを最小限にできる、というのが理由です。誰かに買われ、クローゼットに収まったときから、ニットやカットソーの人生は始まります。誰にも真似できないコーディネートは、その1点1点をリスペクトし、大切にしてあげることからスタートするのだと思います。お気に入りの服たちが、気持ちよさそうに、自分たちのスペースに収まっているのを見るのが好きです。

手袋にお金をかける

手袋は小物ではありません。小さき物ではないのです。真冬のスタイリングで存在感を増すのは、カシミヤやウールやファーといった、温かな素材の表情。唯一の「生もの」である素肌が、むしろうんと目立つのはそのせいです。例えばムートンのコートと素手の「素材感」の大きな違い、2つの素材の温度の差を埋めるのは手袋。カシミヤのライナーが付いた上質なレザーの手袋があれば、コートやニットが作る「冬仕度」に統一感が生まれます。

キャミソールとタップパンツ、「お揃い」を持っている

光沢のあるシルクの、上質なレースがふんだんに使われた、例えばフランス製やイタリア製のキャミソール。それと「対」になるショートパンツのようなデザインのものを、タップパンツといいます。女優さんの撮影の際に揃えたものでしたが、あまりの手触りの良さと、成熟した色っぽさに、思わず自分用にも買って何年にもなります。仕事で人前に出るときなど、ワンピースの下にはこのセット。一瞬のひんやりとした優雅な肌心地が、気持ちを引き締めてくれるのです。少し黄味がかったパール色の「お揃い」がお気に入り。

ヘアケアはカスタマイズする

年齢を重ねると、顔立ちが変わり、肌の質感が変わります。「変わる」のはそれだけではありません。あるとき鏡の中の自分が、知っている自分とあまりに違うことに愕然としました。その原因をよく考えてみたら、髪の毛でした。年齢は髪に出ます。肌が疲れたときにスペシャルなケアをするように、髪にも愛と手間を。まとめるときには髪1本1本が引っ掛かるように、マットなワックスをよくなじませて。ダウンスタイルのときは艶を大切に――もっているすべてに細やかな神経を行き届かせる。「考えなければいけないこと」が増えること、私は気に入っています。

40歳はオイル元年。
肌にも髪にも、オイルを

騙されたと思ってやってみてください。とにかく、の全身オイル美容。お風呂上がり、濡れたままの全身にカノラオイルをくまなく。その後リッチなクリームでふたを忘れずにしましょう。髪は、アルガンオイル。乾いた頭皮に塗布すれば汚れを浮かび上がらせるし、乾いた髪には潤いと艶を与えてくれます。そして顔にはローズオイル。マッサージした後にスチームタオルで、しっかり浸透させましょう。肌は明らかに柔らかく。もっと言うとまるく可愛く変わるのに、驚くはずです。こうした「驚き」が、女性を確かに美しくすると信じています。

メイクブラシには化粧品よりお金をかける

素肌に直接触れる、ブラシやチップには絶対に投資したほうがいい。アイシャドウやリップスティックは、色や素材が毎年変わる流行のもの。例えばこんな「カラーもの」が、ファッションで言うと最先端のデザインのワンピースであるなら、ブラシやチップは、白のシャツやベーシックなパンツと同じです。ベースがあるからこそ、新しいアイテムや遊びの気分が映えるのです。何より、肌が発する「気持ちいい」に耳を傾けることこそ、美しさへの正しい道なのです。

手紙のようにメールを書く

メールを書くとき、気を付けていることがあります。よほど目上の人でない限り、文頭の○○様とは別に、文章中で必ず、相手に何度か呼びかけるようにします。手紙は、メッセージが伝わるまでに絶対的な時間の積み重ねがあるけれど、メールは、相手の息遣いが感じられる、距離の近さが魅力。「距離を詰める」ことが必要です。手紙を受け取ったときの嬉しさを、メールでも同じように届けたいと思うのです。

2人でご飯を食べる年下の友人がいる

40歳を過ぎて、人生の後半戦を目前にしたハーフタイムに入った瞬間に、何かのスイッチが入りました。前半戦で、たくさんの人々に助けられ、支えられ、愛してもらった、その同じことを、次の世代にお渡ししたい、と思うようになったのです。そして後に続く次世代の女性たちに、「大人は豊かで自由で、楽しそう」と思ってもらえたら、こんなに嬉しいことはありません。そんなふうに思い始めてから、たくさんの年下の友人たちが、「怖がらず」！　私を誘ってくれます。なんと、楽しい時間でしょうか。

申し訳ございません、
と頭を下げられる

たくさん、人生で謝ってきました。時間に遅れたとき、締め切りを守れなかったとき、仕事で重大な過ちを犯したとき。子供に間違いを指摘されて、ごめんなさい、とうなだれたこともあります。今も、10年後も、肩肘張らず、えらぶらず、素直でいたい。いつでも申し訳ございません、と頭を下げられる自分でいましょう。

プレゼント上手になる

親しい友人が言っていたこと。「プレゼントにリボンをかけるのは、相手と自分のご縁をつなぐ、という意味がある」。プレゼントは、相手を考える時間と行動を形にしたもの。ウィーンに本店がある、デメルの焼き菓子やチョコレート、オーストラリアのスキンケアブランド、イソップのトラベル用キットなどは、私がよく持参するもの。「つまらないものですが」とは言いません。だって、時間をかけて電車を乗り継いで買いに行ったものだから。

歳時記に詳しくなる

歳時記、とは日本の習慣などをまとめたものです。気が遠くなるほどの時間の積み重ねの中で、私たちの先祖が祈りや願い、けじめとして形にしてきた「その日」を、私たちも忘れてはいけないと思うのです。例えば2月3日の節分。豆まきをするのはもちろんですが、旧暦で1年の始まりを迎えるこの日、新しいタオルをおろしたり、1年の目標を立てたりします。

「服に合った」下着を選ぶ

サイズが完璧に合っていることは、基本のき。自分の宝物である、身体の個性を最も美しく見せる下着を見つけましょう。そしてさらに。着る服によって、下着も選びます。ジーンズに響かないレースのショーツや、とろみのあるカシミヤのニットに、まるい胸を作るノンワイヤーの、もちろんノンレースのブラジャー。下着はそれ自身を見せるものではありませんが、自分の居ずまいに慎重であるか、をはっきりと見せるものなのです。

毎日使うタオルは、毎年買い替える

手や身体、そして顔を拭くタオルは、いつでも柔らかく優しくあってほしい。特に女性は、「水の性」。きれいな水を飲む、ふわふわのタオルで水滴を拭き取る、というのは実はとても大切なことなのです。朝、顔を洗ったときに、心地のよい感触を経験することも、1日を豊かに過ごすスタートになります。2月3日の節分の日に、毎年タオルを買い替えるようにしています。

結婚式で黒は着ない

お祝いの気持ちを表すときに、黒はふさわしくありません。何のための服なのか、ということを考えることは、着こなしに関してのルールが曖昧になってきている今、実はとても大切です。おめでとう、と伝えたい。私もとても嬉しい、と伝えたい。主催者のために着る服だ、ということを忘れないようにしたいものです。おしゃれは、自分だけのものではなく、ときに周りの人とシェアするものなのです。

その人らしい
良い香りがする

人の記憶に長く残るのは、香りです。ふとしたときに、思い出の箱から取り出すのも、実は香りだったりします。自分だけの香りを見つけましょう。大量生産されている柔軟剤の匂いは、香りではありません。記憶の断片や、目標にしているイメージや。自分でも気づかない本能の奥にある自分を。託せる香りを見つけられたら、きっと「私」はもっとクリアになるでしょう。

意識して。
話すときの、声がまるい

話法として合っているかは別にして。人と話をするときに、息を吐く、ではなく、吸う、を強く意識します。年齢を重ねると、言い方がぞんざいになったり、高圧的になったり。それを避けるためです。仕事の打ち合わせや交渉の場であっても、こちらのことを伝える前に、相手の話を聞くことがとても大切だと思うのです。そしてシリアスな場面でこそ、声はまるく。実際にそうしなくても、笑顔を意識しながら話すだけで、声は自然とまるくなります。

隙がある人になる

すき。隙とは、好きと言い換えられます。たくさんの人に言い寄られるためのしどけなさやあやうさではなく、例えば、小さな過ちを見て見ぬふりできる気持ちの大きさでしょうか。それに気づいたとき人は、「ああ、この人好きだなあ」と思う。私も修業中ですが、それが、大人が身につけるべき隙なのです。

孤独も引き受け、
心を自立させる

自立する、ということは孤独です。責任を引き受け、ただし、同じ分だけの自由が手に入ります。生活は誰かとシェアし、支え合っていても、心の自立だけは守りたい。未来を含む自分の人生は、誰かに担保されるものではありません。何があっても、自分を守り、周りの人を守れる強さは、きっとこれからの武器になります。

肌と同じくらい
髪に手をかける

肌の明度や華やかさを左右するのは、ときとして髪だったりします。髪は、顔を縁取る額縁です。絵画が、額縁の色によって印象が変わるのと同じ。肌は毎日ていねいに汚れを落とし、潤いで整え、栄養をふんだんに与えるのに、髪のケアは意外とおざなり。日々の汚れを落とすのはもちろん、その後の保湿やブラッシングなど。肌を変えるのは少し時間がかかりますが、髪は3分で明らかに変わります。

ストッキングにお金をかけられる

ストッキングは、ボトムスです。パンツやスカートと同じくらいの重要さと存在感をもつアイテムなのです。脚にうっすらと影を作る、ストッキング。選択した色や、光沢にどのくらい真剣になれるか、そしてお金をかけられるかは、その人とおしゃれのあり方をはっきりと表すもの。1枚のニットを諦めても、上質で美しいストッキングを手に入れる――それができるかできないか、自分に聞くようにしています。

明日のために
眠りを大切にする

眠りをおろそかにする人は、ONとOFFの切り替えが上手でない人。そのことに気づいてから、とにかく眠りに執着するようになりました。ベッドを買い替えたのはもちろん、肌触り重視で選んだリネン類。グレーやベージュ、ネイビーなど。普段の自分の服と数ミリも離れない、地味でシックな色のコーディネート。枕へのこだわりもそうだし、寝る前の香りの選択まで。無意識でいられる時間に、ここまで意識を集中できるのが、実は意外で興味深いです。

箸置きにこだわりがある

箸置きは、旬の食材と同じ。春には鳥獣戯画が描かれた楽しげなものを。夏は、沖縄の海で拾った珊瑚のかけらを。秋はガラスでできた栗のモチーフを。冬は、シルバー製のメープルの葉を。器を季節ごとに替えることが、憧れではあるけれど、今はまだ無理。せめて箸置きだけ。会話のきっかけにもなり、目を楽しませ、食卓を華やかにしてくれるものなのです。旬の食材と同じ、というのはこんな理由。

年上の男性と食事ができる

相手に会話を選ばせない、誘わせない、悪酔いさせない。年上の男性と食事をするときに、気を付けていることです。2時間半、表面上のつまらない話でもなく、男女のリレーションシップに踏み込ませない、実りのある会話をしながら、おいしく食事を頂き、数杯のお酒を楽しめたら、きっと、どんな仕事のプレゼンもうまくいくはず。相手との距離を自分できちんと決める、その大切さは年上の男性だけでなく、年下の後輩、女友達にも言えること。

お気に入りのペンと切手を常備している

御礼状や季節のカードを書くとき。カードを選ぶのはもちろん、ペンのインクの色や文字の太さ、そして封筒に貼る切手の柄までが、「手紙」のプレゼンテーションです。好きなペンや切手を見かけたら、見かけたときに手に入れるようにしています。わざわざ、と思うと面倒ですが、気づいたときに――であれば、それほど難しいことではありません。

さまざまな肩書きの友人がいる

同じ業界の友達関係の中だけに、居続けることは危険です。さまざまな職業、年齢、性別の友人がいたほうがいい。いろいろな視線を交差させることで、普段見えないことが見えてくるのです。社会性や常識。そればかりを気にする必要はありませんが、同じ場所にいると、その社会性や常識は自分たちだけの——そう、独りよがりになってしまいます。

クラッチ1つでときには出かける

バッグには、さまざまなものが入っています。書類や手帳、化粧ポーチや携帯電話や財布。そして、ときに心配事やそのとき抱えていることも、無造作に入っているのがバッグです。1つ1つを誠実に持ち歩き、対処することを、放り出してみることも大切です。口紅とクレジットカード、携帯電話だけを入れて、クラッチバッグ1つで出かけてみましょう。その晩くらいは、無責任になるのです。

1年に2度——の靴を持つ

1年に2度しか履かないけれど、絶対に必要なもの。例えば、特別な日のためのクリスチャン・ルブタンのレースのパンプス。「とっておき」のドレスと上質なストッキングで履く、「とっておき」の1足。毎日使うから絶対に必要で、使用頻度が低いから不要、という考え方は捨ててみましょう。「とっておき」をもてる心とスペースの余裕を確保しましょう。

淡色のドレスで出かける

ピンクベージュやシルバーグレー。「黒以外」の、淡い色のドレスで出かけましょう。着る前に隅から隅まで確認をし、その日に着ける下着を吟味し、そして出かけてからも振る舞いに、いつも以上に気を遣わないといけないドレス。メイクだって、きっと変えないと。黒に安心することは、ときに工夫や緊張、冒険することを奪います。

ジュエリー使い。
ゴールドとシルバーを交ぜてみる

ジュエリーをコーディネートするとき、細かな計算は不要です。素材も石も、デザインも。自由に組み合わせればいいのです。例えば、ずいぶん前に買った地金のバングルと、いつのものか忘れた、旅先で出会ったレザーのミサンガ、そして今年買った半貴石のブレスレット――といった組み合わせのように。たくさんの記憶や風景や、そのときの気持ち。たくさん積み重ねることができるのは、今の私。大胆に重ねながらも、常にアップデートさせる。ジュエリーの組み合わせは、人生で起こるいろいろに似ています。

昔の美脚パンツを捨てて
タックパンツにトライする

パンツのシルエットは、そのシーズンのランウェイのルックよりも、流行やトレンドを語ります。体重やサイズが増減しなくても、女性の身体は変わるのです。以前の美脚パンツは、手放しましょう。もうこの先着ない、と覚悟するのです。「昔の自分」に、「今の自分」を押し込めるのはやめるのです。

この人！　という
イメージアイコンをもつ

写真集や映画、ブログやインスタグラムでもいいのです。イメージアイコンを意識すると、ファッションや、もしかしたら生き方までもクリアになります。彼女に近づくため――ではありません。選択肢が5つ生まれたときに、自分にとって確かな1つを選ぶための、方位磁石にするのです。

ドレスアップは
ときに本気で

ドレスアップは、40代になったら、本気でないといけない。「組み合わせて」素敵に見えるのではなく、自分と服が、真正面から対峙《たいじ》し、そして真剣勝負をしないといけないのです。別に着る服に負けた勝った、ということはないのだけれど、ある意味、こんな真剣勝負をすることで、きっと、おしゃれの知的レベルは上がるのだと思う。

今日はハイヒール、明日はバレエシューズで出かける

ある日はハイヒール。次の日は「ぺたんこ」のバレエシューズ。目線の高低を経験し、毎日違う景色を見ること。そして、こうして身体を実際に動かすことで、自分の周りに、風を起こすことが大切なのです。日々何となく同じ、ではなく、何か1つ変えてみる。小さなことからできるのです。

ある日は、あなたはそのままでいい、
とささやいてみる

変えよう、変わろう、というメッセージも多く書いてきましたが、実は言いたいことはこれです。「あなたはあなたのままでいい」。そうです。別人になる必要はないのです。今までのテクニックややり方を見直すことはとても大切ですが、自分で自分を真っ先に認めることのほうが大事。

スカーフの結び方、
習うより慣れる

シルクのスカーフに上達するのに、最も大切なのは「慣れ」。ぎゅっときつく結ぶこと、できるだけ小さく巻くこと。アイロンをかけた折り目のないスカーフに、いかに思い切れるか。がとても重要です。最近のお気に入りは、１４０㎝×１４０㎝のビッグサイズ。その代わり、とにかく薄い素材。「大きくて軽い」、これって、中年に差し掛かった私が目指す、「あり方」に似ている。

時間と並走する

目の前を通り過ぎる、「楽しいことすべて」に飛びついて、後で泣きながら時計の針を元に戻そうとするのは、もうやめたい。マイペースに時間を横目でちらりと確認するように、時を静かに支配できたら、と思っています。忙しい忙しい、と、自慢げに嘆くのを終わりにして、息継ぎを忘れずに、ゆったりと過ごせたらいいのですが。

時間があったら旅をする

旅はいい。ほかのどんな「こと」や「もの」に置き換えることは、不可能です。記憶に存在しない景色を見ること、普段交流することのない人々と交わることができるのです。そのとき経験した、音や匂いは、その後の私たちを作ります。旅で感じたことすべてが、10年後の私になるのです。

ときに
くちびるを装う

どうせ落ちてしまうから、直す時間がないから——だから口紅をつけない。ではなく、落ちてしまうけれど、直す手間がかかるけれど、口紅を塗るのです。口紅レスは、何の感慨もなく長い時間続いてしまいますが、口紅を塗ると、一瞬時間がゆっくり流れるように。この感覚を味わうのも格別です。

自分にいつも新鮮でいる

何かを続けるのをやめたり、方向を転換したり。その理由が、「飽きてしまったから」でもいいと思うのです。飽きてしまうことほど、モチベーションや工夫を奪うことはありません。目の前のことを飽かずにやり続けるための努力は必要ですが、無理はしないこと。いつでも自分に、そして自分の目の前にあることに、ワクワクしていられたら、いいですね。

見ると、髪型がいつも違う

髪型は、ある意味メイクと同じ。そしてスタイリングを構成するアイテムの1つでもあります。その日の髪の状態や着こなし、気分によって違うべきものなのです。Vネックのニットにデニムの日は、ゆるく巻いた髪をダウンスタイルに。ふんわりしたシルエットのワンピースには、あえてラフにひとつ結びに。ヘアスタイルも一緒に「着こなせ」たら素敵です。

Tシャツを着る日は客観性を忘れない

Tシャツは「第二の肌」です。素肌を整え、完璧にメイクを施した私に、ヴィンテージ加工の、経年変化こそが魅力のTシャツは似合いません。シルク素材の「ハレの日」にも着られる1枚に、起き抜けの肌と髪はしっくりこないのと同じです。Tシャツを着る日は、Tシャツまでが「肌」です。足し算引き算を考え、Tシャツと私を俯瞰《ふかん》で見るようにしています。

レースのアイテムを身に着ける

レースのランジェリーやブラウス、スカートやドレス。身に着けると、理由もなく気持ちが明るくなりませんか？「理由がない」ということも、ときに大切です。気持ちが動く、感覚が訴える。おしゃれは、ときに「理由がなく」てもいいのです。

「雨の日のおしゃれ」を大切にする

毎日のコーディネートは、その日の天気が決めます。水がしみない靴、とっておきの1本の傘。それをベースに、シャツやパンツ、アウター。ほかのアイテムをピックアップすればいいのです。「おしゃれをすること」を諦めるのではありません。諦めないために、その日の天気に完璧に合ったセットを用意しておくのです。

「黒を着ない」1週間を過ごす

黒は簡単な色ではありません。強い色です。着る人を試す色と言ってもいいかもしれません。1週間、黒を手に取らないようにしてみましょう。柔らかな肌を縁取っていた黒を忘れ、肌に溶け込むようなピンクベージュを着たら、今まで隠れていた優しさや繊細さが先頭に出てくるでしょう。黒も魅力的で美しい色ですが、その陰に隠れていたあれやこれやを、自分にも周りの人にも気づいてもらうのです。

秋は、メガネを買ってみる

素肌が主役だった夏を過ぎ、秋になると、今度は服の素材が主役になります。カシミヤやレザー、ウールやシルク。さまざまに重なる、たくさんの質感や色の豊かさ、深さに、ときに「夏の顔」が追いつかないことがあるのです。そんなときには、アイラインを強く、ではなくメガネ。あっという間に「秋の顔」になります。

ジャケットに
もう1度帰る

ジャケットほど1度離れると、なかなか再会しづらいアイテムはありません。肩の位置を決め、ウエストを締め、ボトムスを指図するジャケットは、着なくなると、とても「楽」です。けれど、やはりジャケットほど着る人を美しく見せるものはないのです。毎日ニットやカットソーが続き、そのことに気づいたとき、1度ジャケットに帰るようにしています。

帽子をかぶるときは
手をかけた無造作なヘアで

顔の近くにある帽子は、全身の印象の最終調整がしやすい小物。「キメ」すぎたから、ニット帽ではずそう。カジュアルに終わりそうだから、中折れ帽で少しよそゆきに。そんなふうに帽子を活用できたらいい。いずれの場合も、ヘアには必ず手をかけて。巻いたりブローしたり、手をかけたうえでくずしたら、帽子とのバランスは完璧です。

大人のカジュアルには
パールを合わせる

日本人に最も似合うジュエリーの1つである、しっとり潤みを帯びたパール。ほっそりときゃしゃで、という私たち特有の外見はもちろん、勤勉で繊細で堅実な、といった内面ももっているようなジュエリーを、ほかには見たことがありません。だからこそ、パールはカジュアルに合わせましょう。Tシャツやチェックのシャツやデニムなど。全く相反するテイストをあえて、ミックスさせるのです。パールとカジュアル。その真ん中に私がいる感じ、好きです。

美しいキャミソールを揃えたい

私と服の間にあるもの。人には見せないけれど、服を着ている間は自分はずっと意識しているもの。キャミソールです。滑らかなシルクの、穏やかなパール色の。身に着けた瞬間は、つるんと冷たいけれど、そのうちに自分の体温に変わっていくさまも、いかにも色っぽいのが、キャミソールです。

デニムの裾は3つ、小さく。
おしゃれに折るコツ

まず、くるぶしが隠れるギリギリの丈で、デニムをカットします。1・5㎝ほどの幅で小さく3回折って、足首がやっとのぞくくらいでは、そのデニムの丈は長すぎるのです。1回、2回は裾全体を、3回目は、外側を残して内側だけを折るのがコツです。この折り方なら、どんな靴にも合います。

映画をたくさん観る

ファッションや音楽を、「勉強しよう」と思って観るのではなく、現実以外の世界に「身を委ねる」ことにお金を払っています。「最近観た映画何だっけな」と思ったら、要注意。暇を見つけて映画館へ。もしどうしてもそれができないときは、自宅のソファーで。携帯電話をチェックすることも忘れて、映画の世界に没頭するのです。

格好はつけるけれど、
嘘はつかない

いきがったり、自分を良く見せたり。格好をつけることは、私にとっても、私のおしゃれにとっても必要です。けれど、場違いな、分不相応な――に見られるような、嘘をつくことはやめよう、と心に決めています。嘘をやめた途端、自分でいることもおしゃれをすることも、とても楽になるから不思議。

反省はするけれど、
後悔はしない

反省は容易で、後悔は難しい。いや、逆かもしれません。後悔はたやすく、反省は困難。やってしまったこと、間違ったこと。いつでも、謙虚に反省したいと思っています。けれど、後悔はしない。あのときああしておけばよかった、ということほど、前に進むのを遅らせることはないからです。だからこそ、無鉄砲にもなり、失敗をし、反省をするのです。

ベッド周りだけは
常に片づける

なかなか忙しくて家中の掃除には、手が行き届かないけれど、ベッド周りだけは必ず。枕を軽くたたき、シーツをぴしっとかけ直し。ベッドメイキングをしたら、サイドテーブルの上もさっと整頓。そしてもう1つ。私の場合はちょうど寝そべったときに見える飾り棚も忘れずに。眠りに落ちる前、視界に入った風景が、「次の日」を決めると信じているから。こぢんまりと整った1シーンであれば、明日の1日もそんなふうに。ごちゃごちゃと情報が多く、ちらかっていれば、そうなる気がして。朝起きたら、その日の夜、そしてそのまた次の朝のために、ほんの少し手をかけます。

朝、出かける2時間前に起きる

不測の事態にも対応でき、1杯のお茶を飲み、そして気持ちが浮き立つおしゃれをし、それを表すようなメイクをするのに必要な2時間。ここを縮めると、あとの十数時間を「早く終わらないか」と過ごすようになる。その日1日のための、最初の2時間。

昼と夜の顔が違う

昼の予定と夜の予定によって、顔が違う女性は美しいと思います。シンプルなニットとパンツ。昼はパールを胸元に飾り、夜はそれをはずして、揺れるピアスを。ベージュのグロスを、真っ赤な口紅に替えて。この「違い」や「差」を楽しめるような女性の、引き出しの多さに惹かれるのです。

忙しいときほど
月を見上げる

忙しいと、ついつい下を向きがちです。時間さえあれば、携帯電話をチェックしたり、考え事をしたり。そんなとき、思い切り首を反らして、夜に浮かぶ月を見よう。頭の先からつま先まで、つらいことも面倒なこともすっと抜けていく気がします。忙しくて忙しくて、つい弱音を吐きたくなったときに、親しい友人に教えてもらいました。

イメージを固めてからショッピングに行く

今欲しいものは何か――。こんな「探しものは何か」を探しに、ショッピングに行くのはやめましょう。今シーズンはどんなイメージでいくのか。昨年までのアイテムで使えるものはこれとこれ。クローゼットと頭の中を整理してからでないと、本当に必要なものはいつまでも買えないのです。

ときには
羽目をはずすのです

調子に乗って度を越すことですが、たまにはいいんじゃないか、と思っています。椅子から落ちるほど笑ったり、たしなめられるほど大きな声でうなずいてしまったり。そんな夜があったって、いいと思います。大人になると、「やる前にやめておこう」ということが、ただでさえ増えるのです。少し羽目をはずしたり、タガがはずれたり。「いや、やめておこう」をはずしてみたって、いいじゃないですか。

「食べる場所」の情報、頼れるのは自分だけ

私がセッティングしなくてはいけない会食。選ぶレストランは、必ず自分が行った場所だけ。サービスや店内の清潔感、もちろん料理の味や値段。自分の評価や判断が、最も正しいと思うからです。私のレストランリストは、かなり短い。それでいいと思っています。経験のために、とか話題になるから、と新しいお店に足を運ぶことには興味がなく、サイトの情報を鵜《う》のみにすることも危険だと思っています。

食べたいものは、まず自分に聞いてみる

実は、昨今の健康ブームは少し胡散臭いな、と思っています。とは言いながら、特に葉野菜は、オーガニックのものを買うようにしていますし、白砂糖もほとんどとりません。行きすぎず、ほどほどに「気にする」という感じでしょうか。食べたいもの、食べると幸せになるものを食べることと、健康でいることとは、私の中では同等に価値があるのです。ときに、食事中の笑顔が、ストイックでいることより大切でもいいかな、と信じています。もしかしたら、「羽目をはずす」ことへの言い訳かもしれませんが。

ときに、靴やバッグに判断を仰ぐ

突然ですが、毎日のコーディネート、何を最初に決定しますか？　私は、最近おしゃれがなかなか「決まらない」、というときは、靴やバッグの小物から組み立ててみるようにしています。服のバリエーションより、圧倒的に数が少ない靴やバッグ。コート、インナー、ボトムスまでは完璧だったのに、靴とバッグが間に合わせだったから、着こなし自体が間に合わせになってしまった、なんていうことも避けられるのです。

家族にこそ最大の努力をする

いつでも、無条件に一緒にいてくれる存在のようで、実は、最大限の敬意と注意を払わないといけないのが家族だと思っています。もちろん、日曜日にソファーでくつろいでいるときに、そんなことを思い出すわけではありません。濃密に過ごす時間を確保すること、一番大切に思っていると口に出して言うこと。その努力は、友人や仕事仲間に対してではなく、家族に、ということです。

子供のキャラクターをコントロールしない

間違っていること、いけないことは、はっきりと注意しますが、家族を、それはたとえ子供であっても、自分の思い通りに変えよう、なんて傲慢にならないようにしています。さまざまな人がいて、さまざまな考え方がある。それを最初に学ぶのが家族の中です。その経験をした子供は、やがて大人になり、社会に出たときに、きっとおおらかで公平な人間になれる気がするのです。

40代。本気で恋はしない

うんと年上の友人から言われた言葉です。私にはまだまだわからないフレーズですが、ニュアンスは何となく理解できる気がします。30代を突っ走った人にこそ生まれる、40代の余裕やゆとり。髪を振り乱していた数年前より、もしかしたらずっと美しくなる女性だっています。スケジュールに隙間ができたときの「あれやこれや」は本物の恋ではない、そんな意味なのでしょうか。

眠れない夜に
取り出せる箱をもっている

小さな箱に積み重なった、たくさんの思い出を、ときどき取り出します。例えば眠れない夜や、電気を消してお風呂に入っているとき。携帯電話の電源を切って、テレビを消して、自分の気配しかない場所で。思い出にコントロールされるのを良しとは思いませんが、ふと思い出したときに、1つ1つ取って眺めてみるのは悪くはありません。出来事が思い浮かぶだけではなく、ガードされてなかった気持ちや、シンプルな感情を思い出すのです。

ただひたすら寝る、
ということを大切にしています

夜中のテレビ番組や、パソコンの前でネットサーフィン、みたいなこともあまり興味がありません。仕事柄、毎日とはいきませんが、とにかく寝る——という時間を大切にしています。今日の出来事も忘れて、明日の予定も考えず、無意識、という暖かな布団にもぐり込むのです。

真冬でも、
真っ赤なペディキュアを欠かさない

足の爪は、何よりも色っぽい、と思います。親しい人にしか見せない、無防備な場所です。サンダルを履くから、素足になるから、という理由で色を塗るわけではありません。「女であること」を、自分と愛する人が確認する場所なのです。

横から見たときの「座り姿」を確認する

正面から、ではなく横から見たときの「自分の座り姿」を1度写真に撮ったほうがいいかもしれません。私自身、おそらく友人が偶然撮った写真を見て、ある日愕然としました。背中がまるくなり、お尻に全く力が入っていない座り方。10歳は老けて見える姿に、本当に落ち込んだのです。

いつでも素直でいたい、
と思っています

年齢を重ねることと素直でいることが、放っておくと反比例してしまうから、とても気を付けています。年下の男性の友人に褒められた赤いリップや、母の目に留まったある日のワンピースの着こなしは、今は定番。独りよがりや自己満足は、大人の女性の魅力を「怖さ」に変えます。客観性という他人の目を忘れず、いつでも素直な自分でいたいな、と思っています。

ゴシップに見向きもしない。
その強さをもつ

インターネット上で広がるゴシップの数々や、耳元でささやかれる噂話の類には、見向きもしない自分でいようと思っています。何かのきっかけで見た、「私」に関する言葉の数々に、恐怖心を覚えたからです。噂や誹謗《ひぼう》中傷や、ゴシップからは距離を置く、と決めることです。下世話な話ほど、向こうから勝手に飛び込んできます。自分で自分を守るのです。

夏でも湯船につかる

温かなお湯に身をとろんと投げ出すことは、浄化、瞑想であり、リセットでもあって、リチャージの時間です。今日の嫌なことやつらかったことも、お湯の中に放つのです。だから、夏でも湯船につかります。その日の気分で選ぶバスソルトやバスミルク、そしてときに電気を消して、キャンドルをたきます。脳と目と、そして気持ちの休憩時間。

〝イケルロ〟なら、世界各国のお酒を飲んでみる

その国独自のお酒を飲むと、国民性とは言いませんが、その国の風景くらいは浮かんでくるから不思議。ブラジルのカシャーサは、芳醇で色っぽく、楽しくなるお酒。ロシアのウォッカは、主張が強く、冷たく美しい。日本で言っても、沖縄の古酒《クースー》は、味に奥行があって香りは複雑で、滋味深い。下戸《げこ》の方にはおすすめしませんが、さまざまな土地のお酒を経験したいと思っています。旅をするときは、必ずビール、そして地酒の単語は現地の言葉で覚えていきます。

爪を整えるのは、
装うためではなく清潔感のため

1か月に1度ネイルサロンに通っています。足の爪はいつもの赤。年中変わりません。手の爪は、赤か薄いピンクの単色塗りがほとんど。私にとって爪は、単に清潔であるべき場所。ひんぱんにやすりで削って艶を出して、ということが不可能なので、サロンにお願いしているだけなのです。

1か月に1度は身体と向き合う

ジムに行ったり、ひんぱんにマッサージやエステに通っているわけではありません。とても簡単なことだけ、1か月に1度。1日、コールドプレスジュース、白湯《さゆ》、そしてハーブティーで過ごすのです。お酒も好きなうえに大食漢。内臓を休ませる意味で、あるとき始めました。ランチ、ディナーの約束を入れないため、こうした原稿書きなどがはかどる、そして自宅で身体の変化を見ながらゆっくり過ごす——なんていう副産物も嬉しく、何となく続いています。

大人の友情は
深く狭くで、ちょうどいい

1年に1度しか会わない親友がいたっていいし、私抜きで集う仲良しグループがあってもいい。適度な距離を保ち、何かあったときは、とお互いに思っているのが、友人だと思っています。思い出の数が多いほうがいいわけでも、記憶の深さは深いほうが、ということもない。何かのきっかけでふと思い浮かべたときに、その人の笑顔が浮かぶ、なんて、いいですよね。

明日、ではなく、今日行動に移してみる

食べたいもの、会いたい人、やりたいこと。欲求を、あまり先送りしないようにしています。その日の気持ちは、その日が一番新鮮です。日常のフレッシュさを大事にしたいのです。やらなくてはいけないことが多すぎて、気持ちに余裕がなくて、それができないことが最も危険。心が動き、気持ちが動き出し、身体が自然とそっちに向かっていく。年齢を重ねるほどにやりづらくなるから、この自由を忘れないようにしようと思います。

仕事の現場では、
最年少に真っ先に声をかける

カメラマンやヘアメイクのアシスタントや、制作会社の新人スタッフ。仕事の現場に入るときに気を付けているのは、そういった最年少のスタッフに声をかけることです。「久しぶり」「元気？」「この間はありがとう」。最も過酷な作業をこなし、気働きをし、極度に緊張をしている彼らに、本当にいつも感謝しているのです。面と向かって言うと逆に気を遣わせるので、あくまでもカジュアルに。実はこれ、私が新人編集者時代に、してもらって最も嬉しかったこと。

遠慮と謙遜は、しすぎない

勧められたら、ありがたく頂きます。褒められたら、素直に喜びます。過度な遠慮と謙遜は、相手と私の時間を無駄にします。よほどのオフィシャルな場面や、逆に作法として必要、という場面以外では、「ありがとうございます」と一言で終わらせるようにします。すっきりときれいに、清々しく。そんなやり取りを目指しています。

男性はボーダーが嫌い。
という都市伝説に負けない

ネイビー×白や、黒×白。リズミカルなボーダーのトップスは、フレンチシックなイメージもあり、永遠に人気ですが、実は男性はあまり好きではないといいます。出自がどこかわからない、都市伝説のようなものでしょうか。私は、もちろん着ています。明快な2色の取り合わせは、顔立ちをくっきりと見せ、肌色に透明感を与えてくれる魔法の組み合わせ。少し飲みすぎてしまった次の日は、たいていボーダーを着ています。

とにかくダラダラする。
そんな1日を作る

実は、とても大切にしている習慣。パジャマを着たまま、1歩も家の外に出ない。布団をかぶって15時間以上寝る。などは、私にとっては、究極のリフレッシュです。髪もボサボサ。寝起きのままの顔で日曜日を過ごした次の日、髪も巻いて、大好きなスタイリングで出かける。そこに生まれるさまざまなギャップを、こよなく愛しているのです。

自分がベストだ、
と思うタイミングを信じる

例えば新しい仕事を始める時期や、引っ越しのタイミング。あまりカレンダーに左右されず、自分の直感で決めるようにしています。少しでも気持ちがざわついたり、ん？　と疑問に思ったりするときは、少し先延ばしに。確かな理由がなくても「気がのらないこと」は、間違いなく後から、そう思った理由が見つかるのを、経験で知っているのです。

評価は常に変化させること

「あの人はこういう人だ」「あのブランドはこういうブランドだ」。特にネガティブな評価ほど、常に見直すようにしています。最初の印象が変化したり、こちらが謝らなければいけないほど、想像と違う人やものだったりしたとき。「評価」は常にアップデートさせるのです。「以前のほうが……」と残念に思うときもありますが、その逆は嬉しいですね。そして、他人だけではなく、自分にもその審査の目を向けてみるようにしています。ていねいさを失っていないか、情熱的で一生懸命であることを、忘れていないか。自分に対しては、ちょっぴり厳しくあるようにしています。

自分が同じ年だったとき、
と考えるようにしています

子供から何かを相談されたときや、叱らなくてはいけないとき。必ず、自分がその子の年だったときのことを、1度思い返します。親に小さな嘘をついた理由や、無性に腹が立ったことなどを、昔に帰って思い出し、もう1度体験するのです。そうすると、彼らに言うべきことが、親の立場からと、子供の立場からの両方わかるような気がします。

旅行へは
割と大荷物で出かけます

旅に出るときの荷物は、無理に減らさないようにしています。もちろん大きなトランクを2つ持って、というほどではありません。現地でのおしゃれが「いまいち」になるくらいなら、と割り切っています。ビーチリゾートでは、鮮やかな色のカフタンやプリントのドレスを着ることも。大きな都市では、そこに住む女性のスタイルを観察することも、楽しみの1つなので、使わないかな？と思うものでも、トランクに詰めるようにしています。

肌は触って確認する

顔の肌も、身体も。できるだけ素肌を手のひらで確認するようにしています。こわばっているな、ざらついているな、乾いているな。こうしたことも、自分の手のひらが一番わかる気がするのです。手のひらで感じるからこそ、適切なケアができる。そう思っています。

誰かの背中を
さすってあげましょう

友人でも両親でも、夫やボーイフレンド、子供でもいい。背中をゆっくりさすってもらいましょう。不思議と気持ちが落ち着き、外に向いていた意識が、自然と自分の内に向いてくるのがわかります。相手の愛情や思いが、自分に穏やかに流れてくるのがわかります。そんな子供じみた、なんて思わずに、是非頼んでみてください。そして、相手にも同じことをやってあげましょう。

「誰かの誕生日」を大切にする

会えない人にはメッセージだけでもいいし、声をかけるだけでもいい。誰かの誕生日を、自分のことのようにお祝いしましょう。生まれてくれてありがとう。出会えてありがとう。そのことを伝えるのに、こんなに最適な日はないと思います。仕事で出会ったスタッフや友人。できるだけ、ケーキや花、ワインでお祝いします。イベントごとはそれほど好きではありませんが、誕生日は別なのです。

突然の誘いに、喜んで出かける

楽しいことや嬉しいことは、「約束しないで」やってきます。そんなとき、「今日の服はいまいちだから」「いつでも暇だと思われたくないから」、その誘いを断ることほど、もったいないことはありません。急な予定にも笑顔で参加できるように、真っ赤な口紅とマスカラは、必ず化粧ポーチに。そして、気持ちをいつでもオープンにしておくこと。昼過ぎに誘われて、その日の20時には、再会を喜んでゲラゲラ笑っている、なんて、自由で軽やかでいいじゃないですか！

楽しい時間を
歩きながら反芻《はんすう》する

心が通い合ったささやかなディナーの後や、抱えきれないほどの達成感を共有できた打ち上げの後。大雨でない限り、少し歩くようにしています。感謝や愛情や、そんな気持ちを、もう1度、自分の中で静かに振り返りたいのです。すぐに電車やタクシーに乗らず、一人でのんびり歩いてみると、その日過ごした数時間が、より特別に感じられるから不思議。私にとって、気持ちや思いを、ゆっくり消化するのに大切な儀式みたいです。

ゆったりと、
そのときの年齢と並走する

卑下することも、偽ることも、作為的になること
も。する必要がないのが年齢です。年齢をすぐに
聞く人もどうかと思いますが、「何歳だと思う？」
と聞き返すのも、みっともないと思います。1年
1年、すべての人に平等に重なっていく、その人
の年齢におおらかになれたら。そんなに取り立て
て大切なことでもないし、どこかに置き忘れるほ
ど「どうでもいいこと」でもない。それならば、
自分の速度で並走すればいいのです。

ミーハーであることを恐れない

鮮度を大切にすることは、面倒くさくてついつい後回しにしがちなので、ミーハーであることを忘れないようにしています。新色のリップを試してみる、話題のお店をのぞいてみる。人気のある人のバックグラウンドを調べてみる、など。心を動かし、手を動かすことはやっぱり大切。さまざまな情報の中で、自分に必要なものをピックアップする反射神経にもつながります。

著者紹介

1972年東京生まれ。スタイリスト、エディター。『おしゃれの手抜き』『「おしゃれな人」はおしゃれになろうとする人』『「明日の服」に迷うあなたへ』など著書多数。2015年よりウェブマガジン「mi-mollet」の編集長を務める。http://hrm-home.com/blog/

私のたしなみ100

2015年5月25日　第1刷発行

著　者　大草直子
発行者　見城 徹
装　丁　山本知香子
発行所　株式会社 幻冬舎
〒151-0051
東京都渋谷区千駄ヶ谷4-9-7
電話　03(5411)6211(編集)
03(5411)6222(営業)
振替　00120-8-767643
印刷・製本所　株式会社 光邦

検印廃止

ISBN978-4-344-02765-7 C0095
幻冬舎ホームページアドレス　http://www.gentosha.co.jp/

この本に関するご意見・ご感想をメールでお寄せいただく場合は、comment@gentosha.co.jpまで。